O LIVRO DOS MONSTROS

Capa: Hugo Cafasso
Imagem de capa: Bruno Sarraf
Diagramação: Departamento de criação Editora Planta do Brasil
Ilustrações: Karen Jonz
Vetorizações: Hugo Cafasso, Karen Jonz e Rita Mayumi

Dados Internacionais de Catalogação na Publicação (CIP)
Angélica Ilacqua CRB-8/7057

Jonz, Karen
O livro dos monstros de Karen Jonz / Karen Jonz. –
São Paulo: Planeta do Brasil, 2015.
80p.: il.

ISBN: 978-85-422-0589-3

1. Livros para colorir 2. Monstros I. Título

CDD 741.642

15-0818

Índices para catálogo sistemático:
1. Livros para colorir

2015
Todos os direitos desta edição reservados à
EDITORA PLANETA DO BRASIL LTDA.
Rua Padre João Manoel, 100 – 21º andar
Edifício Horsa II – Cerqueira César
01411-000 – São Paulo – SP
www.editoraplaneta.com.br
atendimento@editoraplaneta.com.br

O LIVRO DOS MONSTROS

DE KAREN JONZ

Planeta

EU E OS MEUS MONSTROS

Eu nasci em Santos, na década de 1980 e, apesar de ter deixado o litoral para morar numa cidade mais industrial, continuei fissurada em surf e outros esportes *outdoor*.

O skate entrou na minha vida um pouco tarde, quando eu tinha 17 anos, e quando comecei a competir – sempre em clima de brincadeira – era a única mulher entre os garotos. Em 2006 veio o meu primeiro título mundial de skate vertical – e, até agora, já acumulei quatro –, provando principalmente que, quando a gente ama uma coisa e faz com verdade, as coisas começam a acontecer – mesmo que isso implique em ralar joelhos, quebrar dedos e mãos, bater a cabeça e até desmaiar um sem número de vezes.

Paralelamente às minhas aventuras nas ondas, pistas, asfaltos e quadras de futebol de salão – outro esporte que curto muito – sempre dediquei um bom tempo às minhas ilustrações. Desenho desde o momento em que consegui segurar um lápis, e, apesar de hoje usar os benefícios da tecnologia dos tablets, prefiro mesmo a boa e velha dupla lápis & papel – tá, confesso, também curto uma canetinha.

Quem já conhece o meu traço e mesmo quem vier a conhecê-lo vai identificar as minhas influências e referências: *Hello Kitty*, *Snoopy*, *Simpsons*, *Muppets Baby*, *Hora da Aventura*, *A Mansão Foster para Amigos Imaginários* e *King Star King*, entre várias outras.

Meus primeiros monstrinhos, hoje minha marca registada, eu desenhei depois de um acidente sério que sofri aos 9 anos: correndo na escola, bati com a cabeça na trave de um dos gols do pátio e fiquei três dias em coma. E, então, eles se incorporaram ao meu portfólio.

Mas houve uma fase da vida que eu não conseguia mais desenhar pessoas e tudo eram monstros. Quase que uma boa companhia.

Tinha preguiça dos humanos. Pelo menos dos que se aproximavam de mim. Normalmente eram chatos demais, ou desinteressantes.

Meus monstros eram sujinhos, gosmentos e, na maioria das vezes, simpáticos e muito simples. Estavam ali como amigos imaginários, para quem eu não precisava dar satisfação, para jogar uma conversa mole, fiada. Falávamos só sobre coisas interessantes.

Eles são engraçados, espontâneos e de todas as formas. Vale tudo. Muito grandes, peludos e depressivos ou pequenos, rápidos e endiabrados. Falando e fazendo coisas que não fazem muito sentido, mas que sempre me fizeram e fazem rir. Seja por estarem comendo algo que não deviam, deixando um rastro de gosma ou emitindo algum som irritante e repetitivo.

E agora eu resolvi partilhá-los com vocês nestas páginas que estão cheias de gosmas, urros, blasfêmias e coisinhas nojentas!

Bora colorir?

Karen Jonz

MONSTRA MAÇÃ
MONSTRA MAÇÃ
MONSTRA MAÇÃ
MONSTRA MAÇÃ
MONSTRA MAÇÃ
MONSTRA MAÇÃ
MONSTRA MAÇÃ
MONSTRA MAÇÃ
MONSTRA MAÇÃ

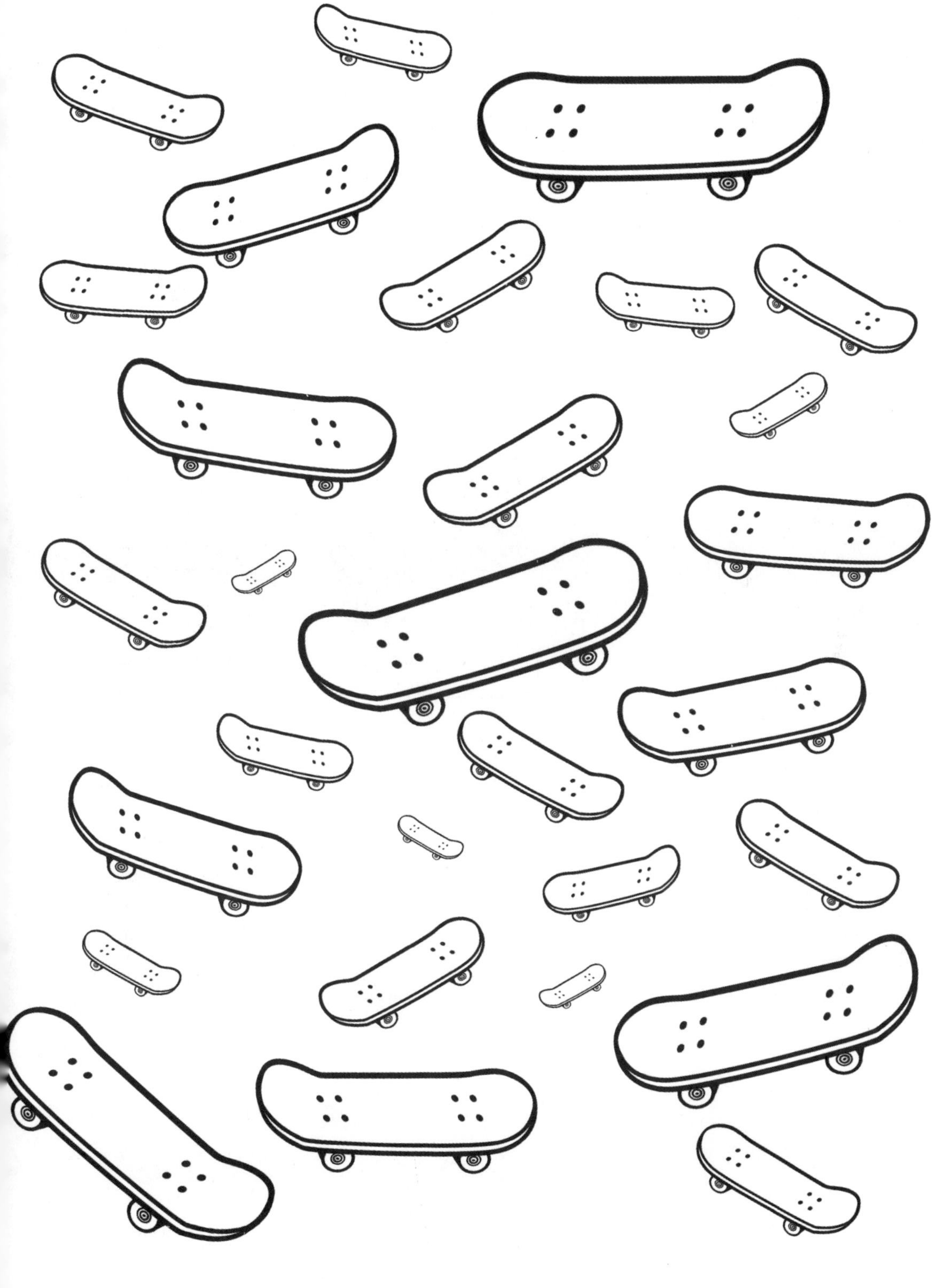

4

MONSTRA
MAȘĂ!

QUÉ

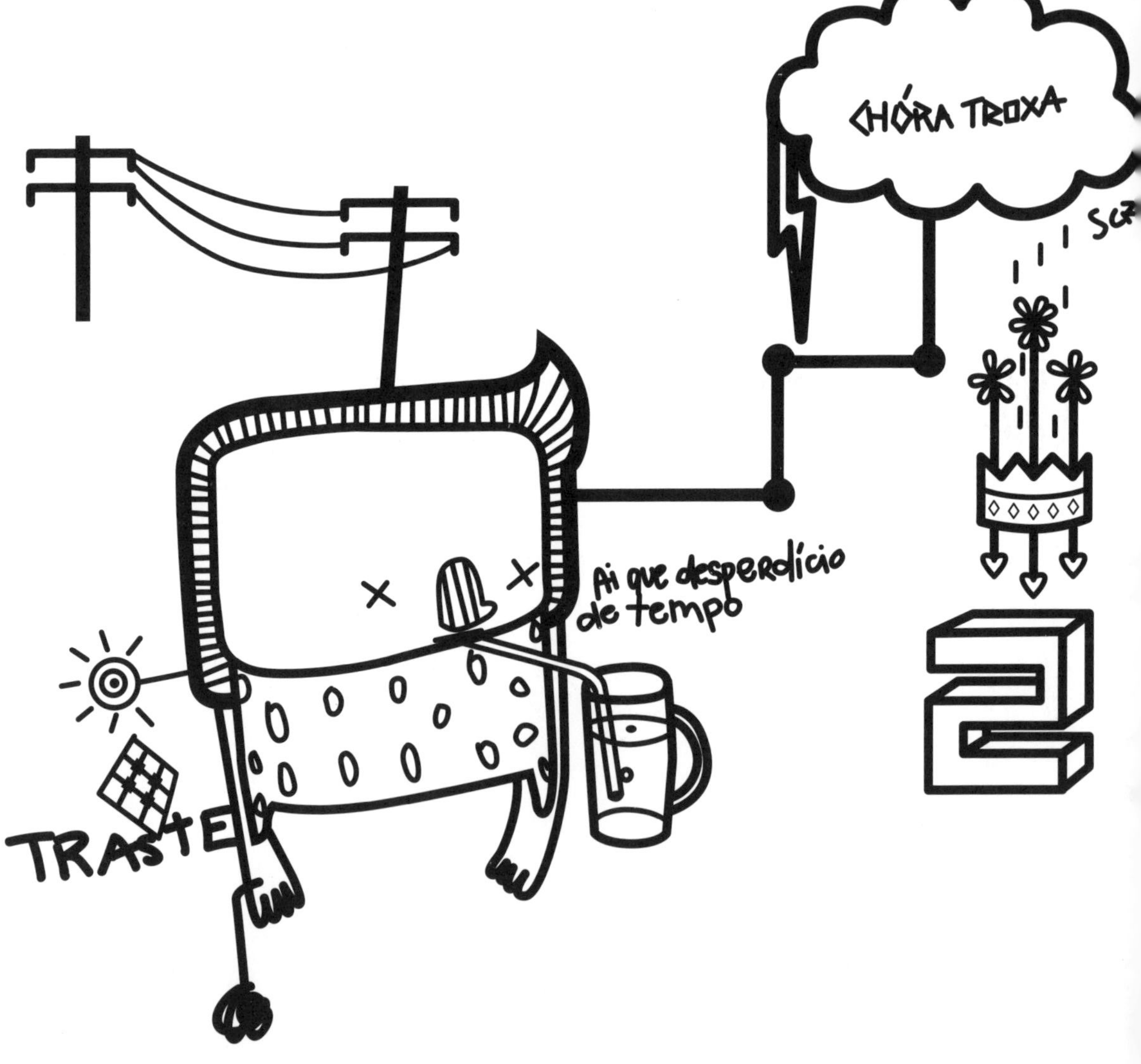
CHÓRA TROXA
SG
Ai que desperdício
de tempo
TRASTE

Im friends with the monsters from under my bed

91

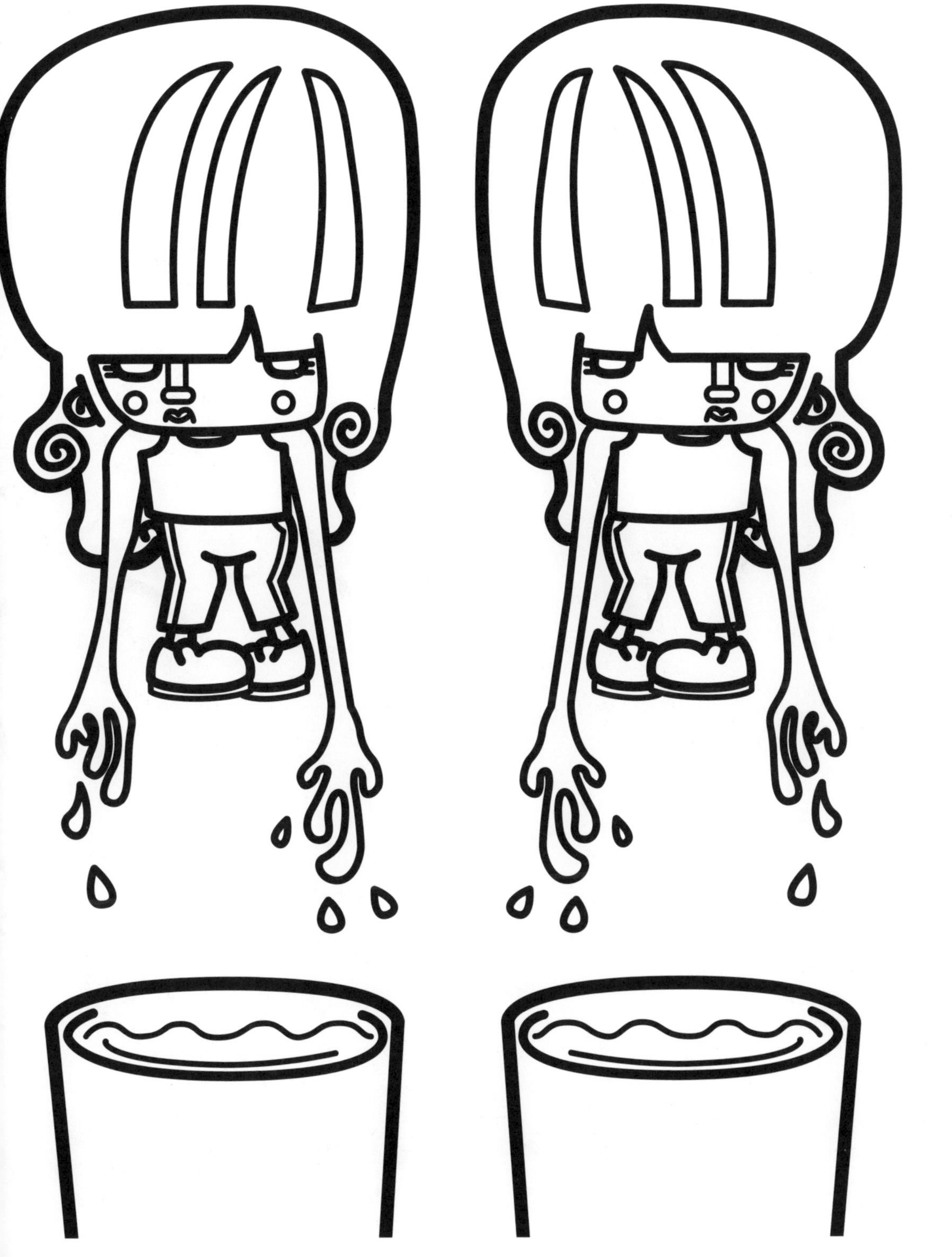

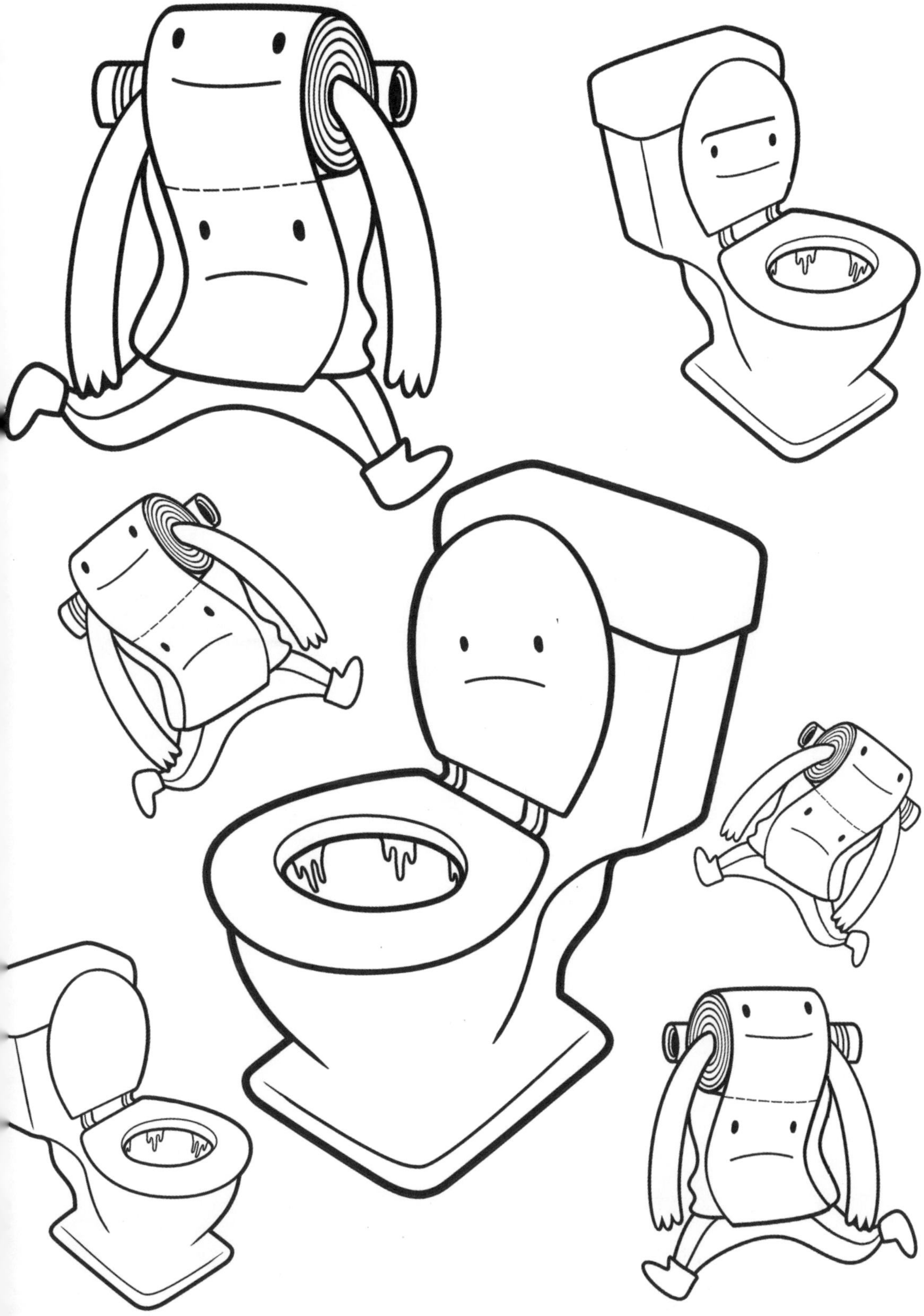

KJ

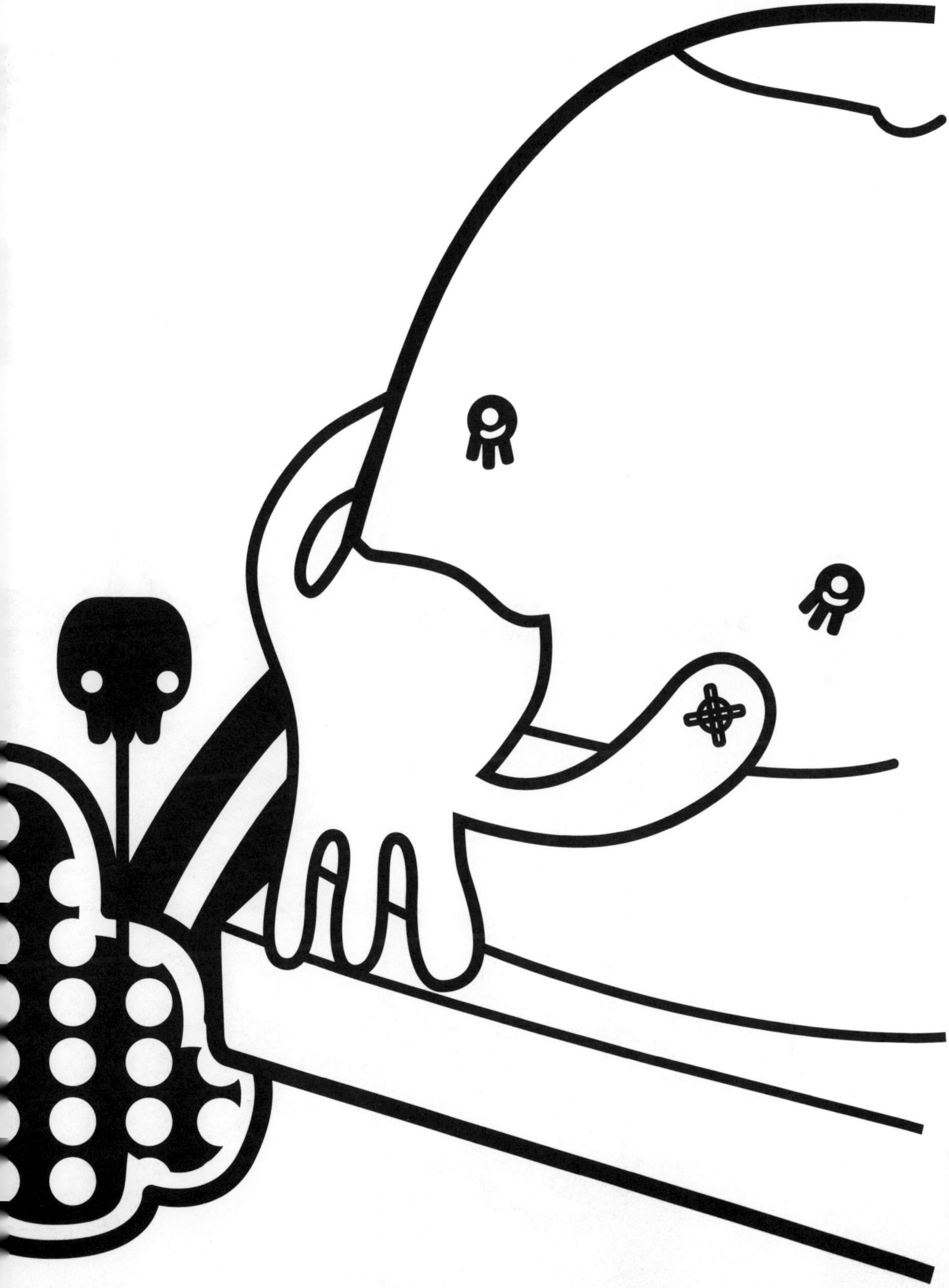

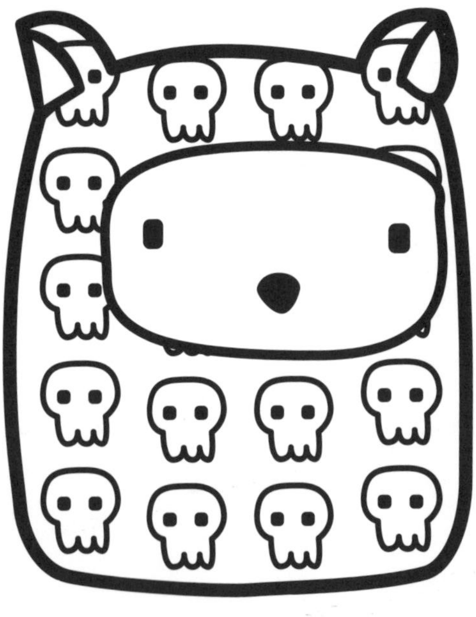

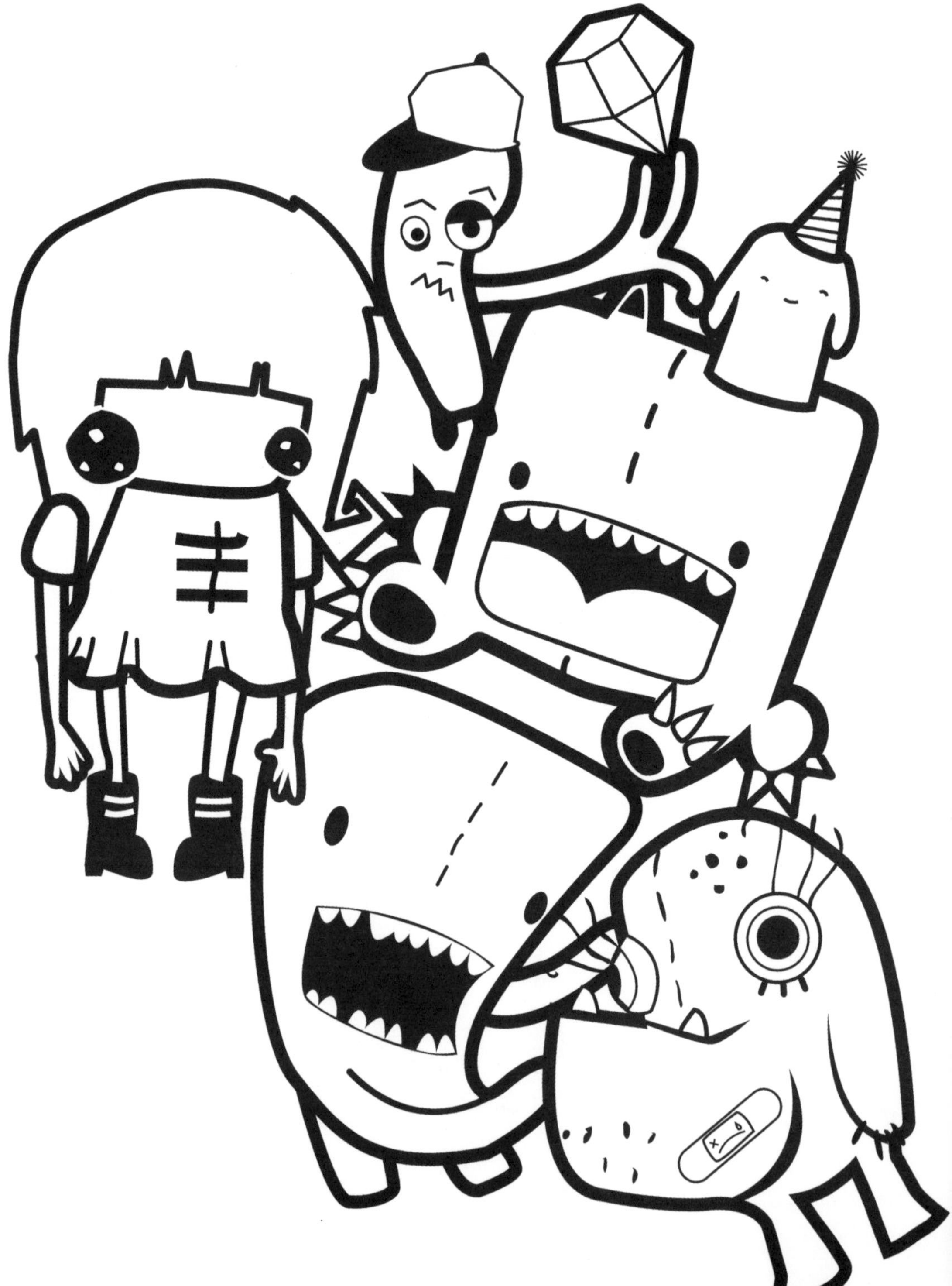

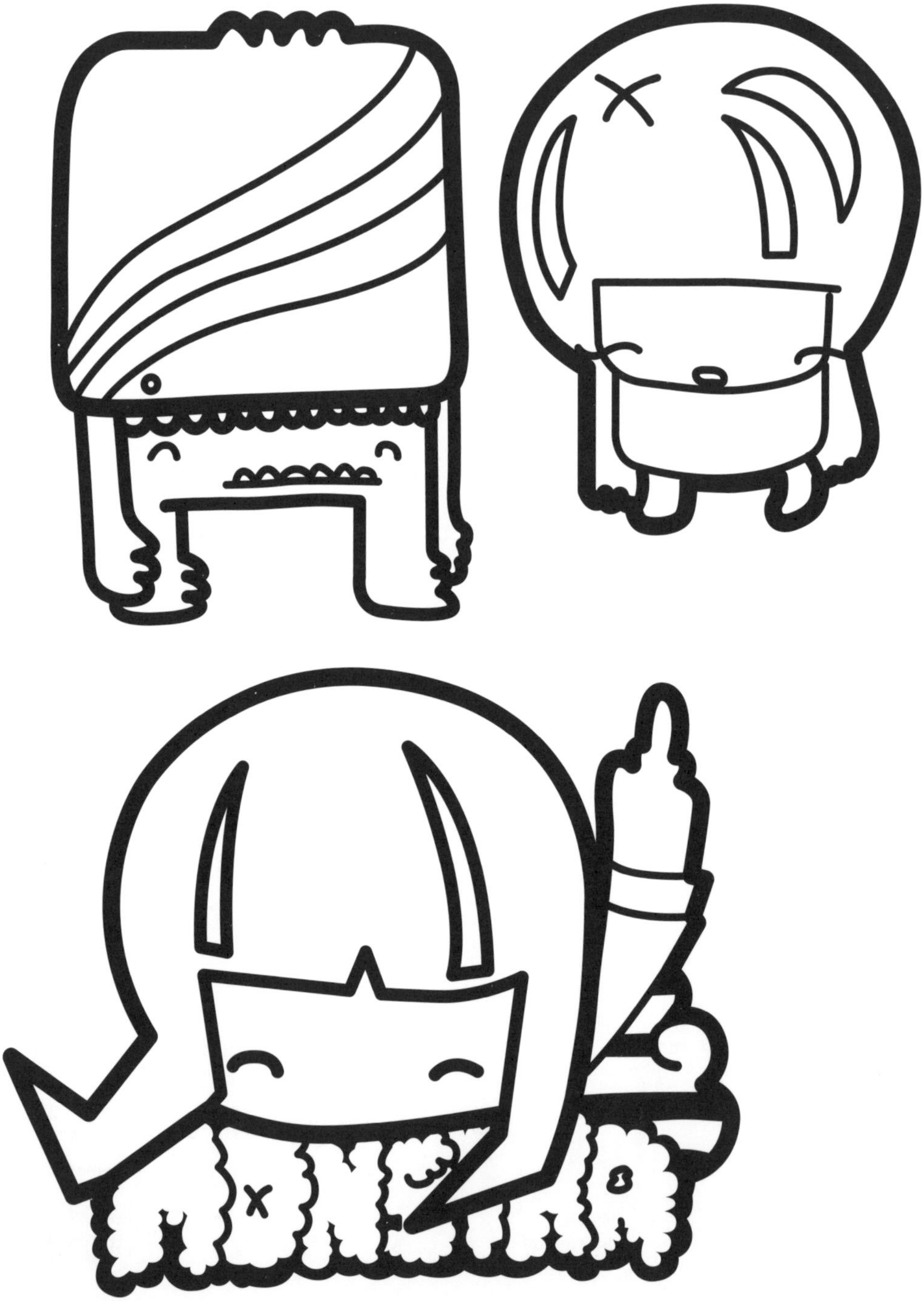

MONSTRA MAÇÃ
Monstra Maçã
MONSTRA MAÇÃ
MONSTRA MAÇÃ
Monstra Maçã

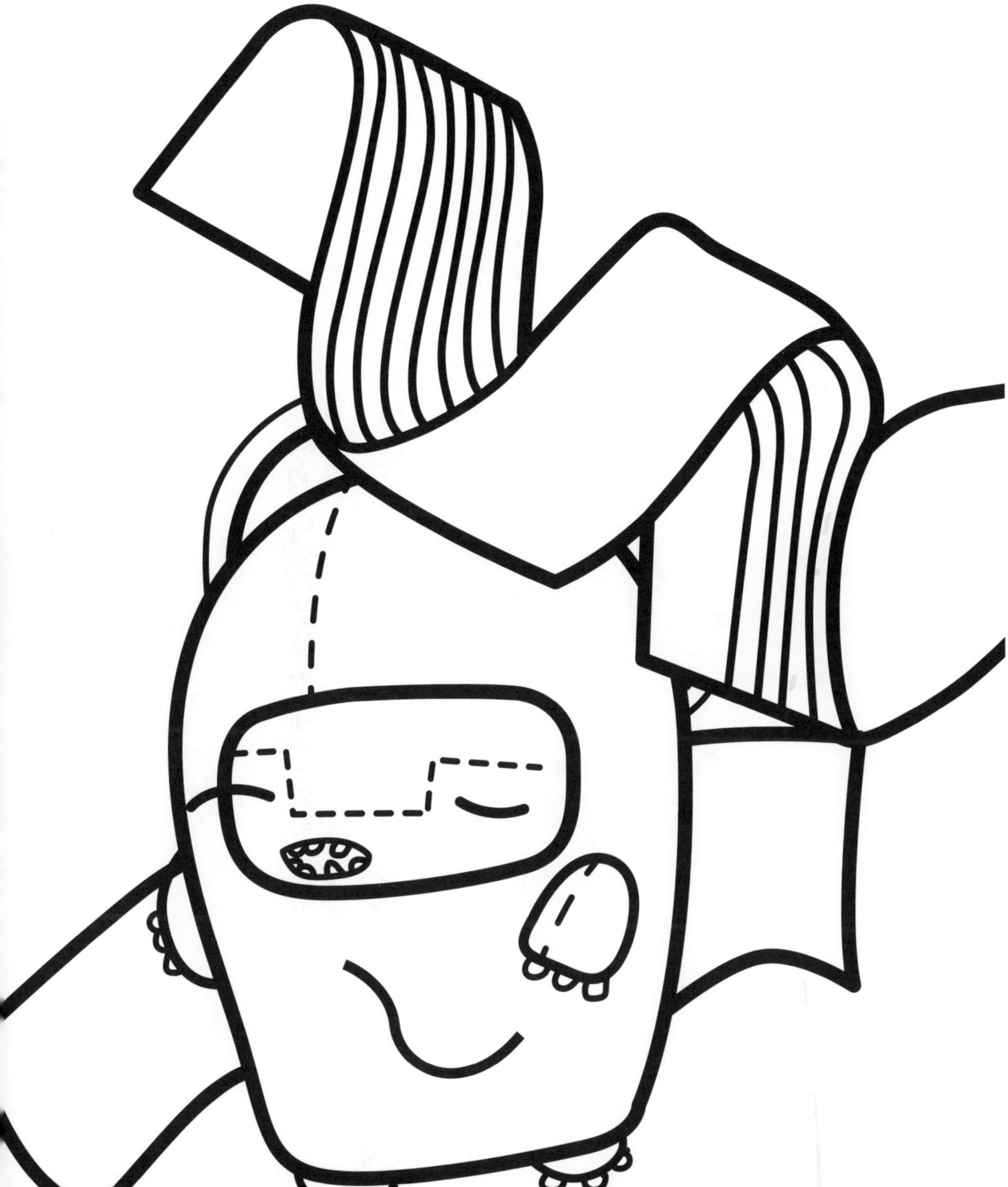

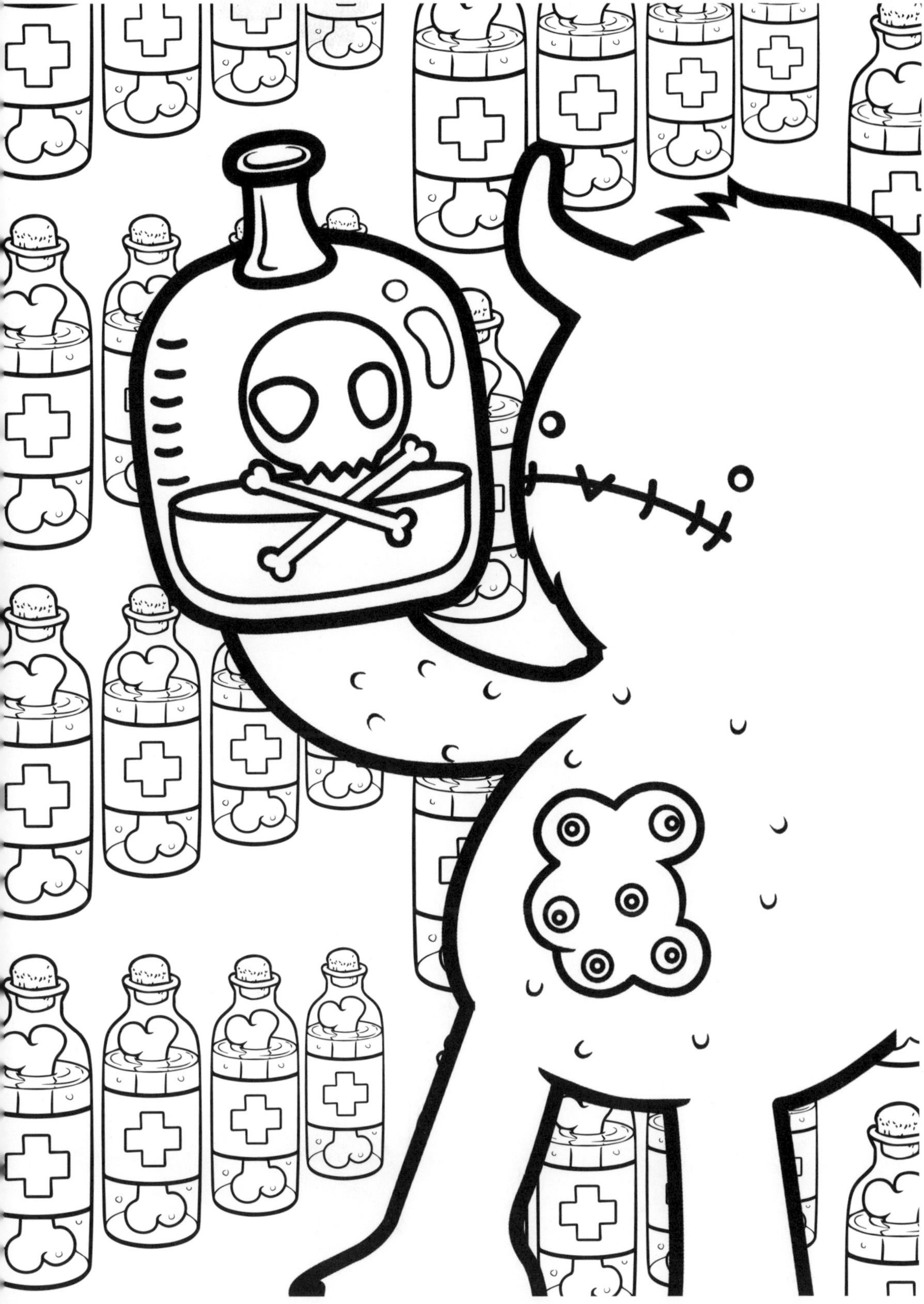

LIES CREATE
A HYPE

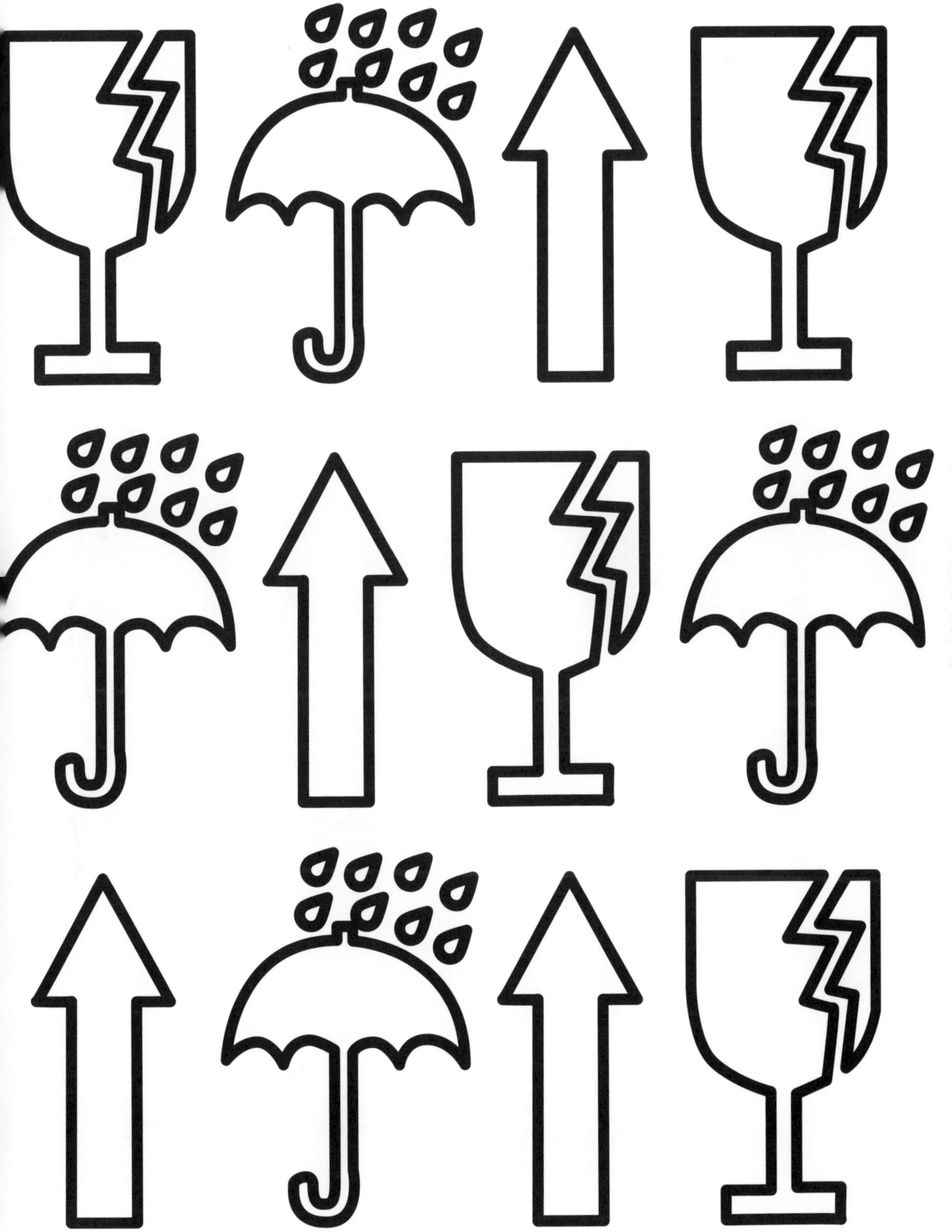

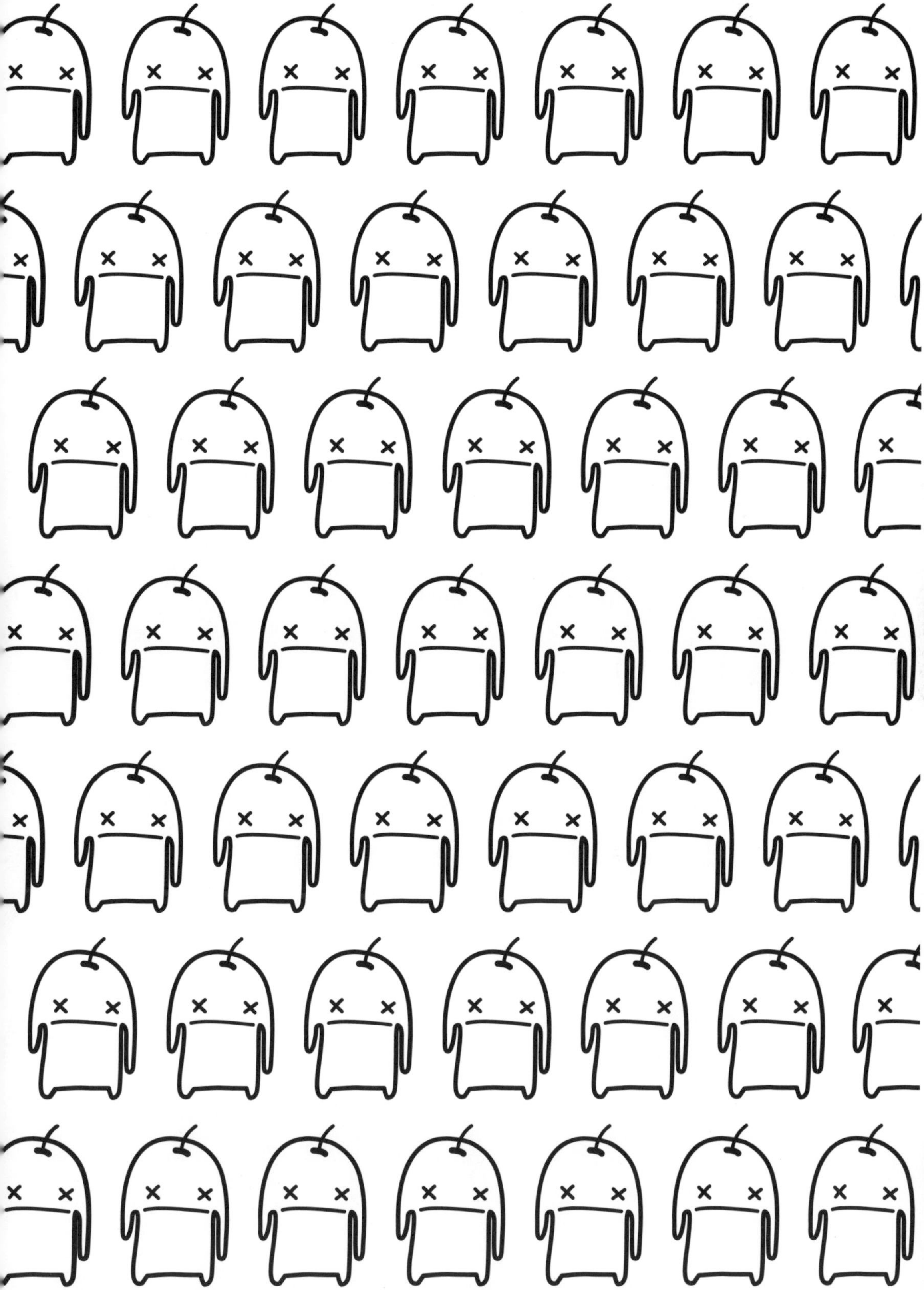

SÃO SÓ ROSTOS NA TV

Por que
você não
morre,
querido?

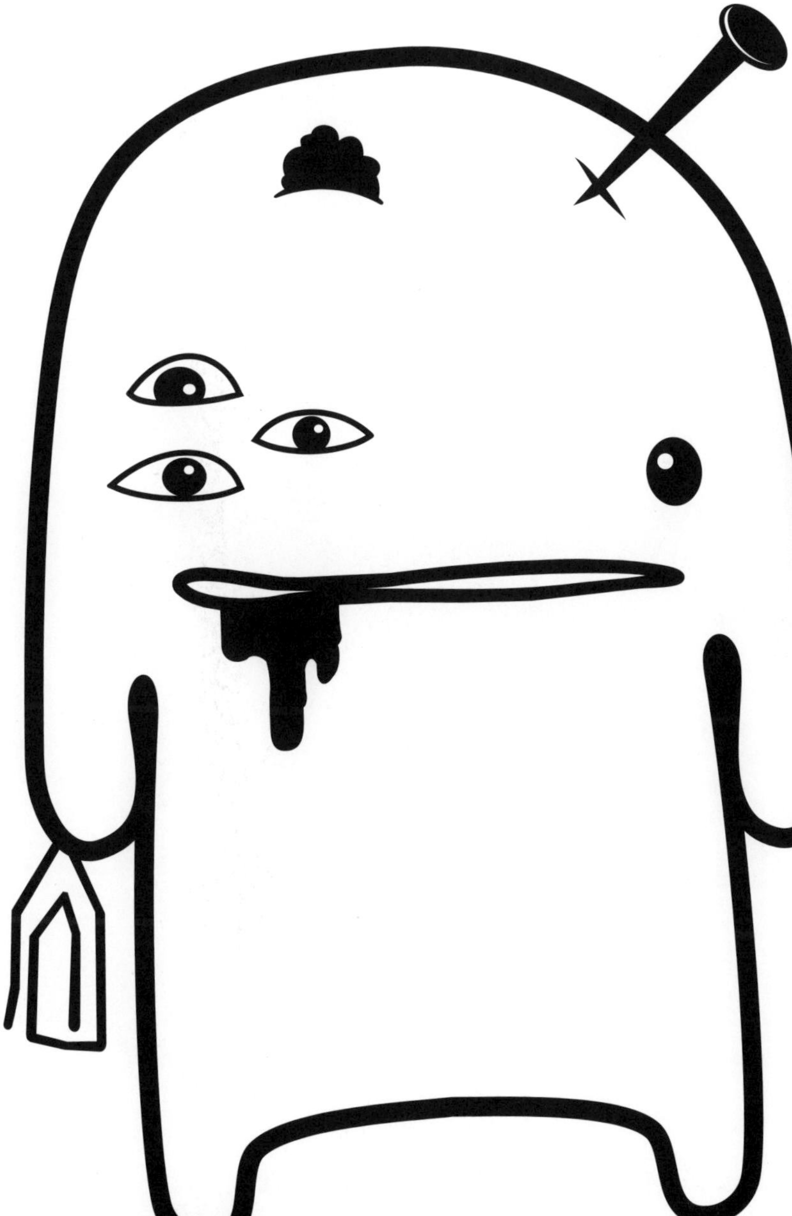

Fisher

Este livro foi composto pelos desenhos de Karen Jonz, fonte
Leitura Sans e impresso pela RR Donnelley para a Editora
Planeta do Brasil em agosto de 2015.